AF240231

CATALOGUE

D'UNE PRÉCIEUSE COLLECTION

DE TABLEAUX

ET DESSINS ANCIENS

Des Écoles Italienne, Flamande, Hollandaise et Française.

SCHROTH, Appréciateur.

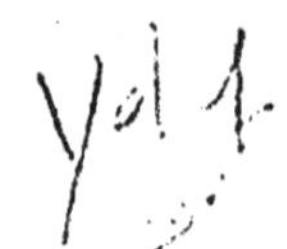

PARIS

IMPRIMERIE ET LITHOGRAPHIE DE MAULDE ET RENOU,

RUE BAILLEUL, 9 ET 11, PRÈS DU LOUVRE.

1845

CATALOGUE

D'UNE PRÉCIEUSE COLLECTION

DE TABLEAUX

ET

DESSINS ANCIENS

DES ÉCOLES

ITALIENNE, FLAMANDE, HOLLANDAISE ET FRANÇAISE,

PROVENANT DU CABINET

DE M. DE M***,

DONT LA VENTE AURA LIEU LE SAMEDI 5 AVRIL 1845,

Rue des Jeûneurs, n. 16.

HOTEL DE VENTES MOBILIÈRES,

SALLE N° 2,

Par le ministère de M° BONNEFONS DE LAVIALLE, Commissaire-Priseur,

Rue de Choiseul, 11,

Assisté de M. SCHROTH, Appréciateur,

Rue de l'Éperon, 6,

CHEZ LESQUELS SE DISTRIBUE LE PRÉSENT CATALOGUE.

EXPOSITION PUBLIQUE

Les Jeudi 3 et Vendredi 4 Avril 1845, de midi à cinq heures.

PARIS

IMPRIMERIE ET LITHOGRAPHIE DE MAULDE ET RENOU,

RUE BAILLEUL, 9-11.

1845

CONDITIONS DE LA VENTE.

VENTE AU COMPTANT.

Les acquéreurs paieront cinq pour cent en sus des adjudicatons, applicables aux frais.

OBSERVATIONS PRÉLIMINAIRES.

On a généralement l'habitude de juger les tableaux assez légèrement : c'est du maître, ou ce n'est pas du maître, est une phrase
banale, et que tout le monde répète avec une facilité merveilleuse;
chacun croit bien faire en s'en rapportant à son sentiment. Quand
le premier   aperçu est le fruit d'*une expérience pratique et
manuelle*, cette opinion, ainsi formulée, a certainement sa va-
leur; mais quand, au contraire, ces opinions ne sont le résultat
que d'une observation superficielle, elles ne méritent pas toujours
une grande attention.

Les écrits sur les objets d'arts qui n'émanent pas directement
d'hommes pratiques, sont, en général, remplis d'erreurs dange-
reuses; citons-en un exemple : d'Argenville, dans l'histoire de
la vie de Claude Lorrain, dit *que le Livre de Vérité* est le résultat
des travaux de cet artiste éminent, en ce sens, *que quand Claude
avait fait un tableau il en faisait un dessin*, et que ce sont les
dessins réunis que l'on a depuis gravés et qui ont été publiés, qui
sont le titre que nous venons de dire. Voilà où est l'erreur, qui,
si elle était prise à la lettre, limiterait tellement le nombre des ouvrages de cet habile artiste, qu'il serait véritablement impossible
d'en trouver aucun que l'on pût croire original.

Les dessins que faisait Claude n'étaient point faits d'après les
tableaux terminés, *mais, au contraire, avant de les commencer*,
ce sont ce que les Italiens appellent *di prima intenzione*, et cela
est si vrai que l'on n'a qu'à prendre les estampes gravées d'après
les dessins, et les comparer aux tableaux de ce maître qui sont
au Musée du Louvre au nombre de quinze ou seize, il ne *s'en
trouve qu'un seul qui soit exact avec la gravure:* c'est la vue du
Campo Vaccino. Tous les autres, ainsi que ceux qui sont répandus
dans les diverses galeries de l'Europe, diffèrent quant aux détails,
et ne sont reconnaissables que par les masses et l'aspect général de
la composition. Ce fait bien établi, c'est avec confiance que nous

présentons aux amateurs et admirateurs de cet homme de génie, trois tableaux de ce maître, faits à trois différentes époques de sa vie : l'un fait au premier coup, un peu en décoration. L'autre (1) du plus haut style historique, est terminé avec beaucoup de soin ; les figures sont de la main de Jacques Stella, pour lequel le tableau a été fait. Le troisième (2) est dans la manière qui caractérise son talent, et où il est demeuré sans rival. Les figures sont de son dessin, mais retouchées par Ph. Lauri : elles représentent l'ange et Tobie.

Une autre observation, que nous croyons devoir soumettre aux amateurs, est relative au grand talent de Rubens. Comme tous les hommes qui cherchent à bien faire, le grand peintre a varié son faire, d'ailleurs bien caractérisé dans sa jeunesse, en Italie, son exécution est ferme et précise, comme les ouvrages des grands artistes italiens qu'il avait sous les yeux ; alors il avait toutes les qualités qui lui sont propres et aussi les défauts de son style. Nous offrons à l'admiration des connaisseurs un tableau de ce grand peintre fait à Gênes du vivant de sa première femme, la tête de la Vierge étant le portrait d'Élisabeth Brants, telle que nous le représente le tableau de la galerie de Dusseldorf. Ce dernier tableau est du même faire que celui dont nous parlons. A cette époque de sa vie, Rubens faisait lui-même tous ses ouvrages.

Un tableau d'Adrien Van den Welde représentant la vue de la place et de l'hôtel de ville d'Amsterdam, mérite aussi une mention particulière. Dans ce tableau le point de vue perspectif est plus développé relativement à l'hôtel même que celui du Musée du Louvre, peint par Vander Heyden, et que Van den Welde a aussi orné de figures, mais dont la composition est entièrement différente. Nous signalerons ici quelques unes de ces différences pour faciliter le jugement des amateurs : 1° le cheval bai-brun qui dans notre tableau est attelé à un traîneau chargé de balles, est blanc dans celui du Musée et traîne un chariot chargé de planches ; 2° le marchand papetier qui décore sa boutique qui se trouve à gauche de notre tableau, n'est point dans celui de Vander Heyden ; 3° le groupe des

(1) *Livre de Vérité*, 5a.
(2) *Id.*, 100.

trois hommes en manteaux, qui occupe le milieu de la place dans notre tableau, n'est pas dans celui du Louvre : en un mot aucune des figures de l'un ne ressemble aux figures de l'autre; les deux tableaux sont incontestablement tous les deux originaux.

Nous pouvons signaler encore un Berghem, Soleil couchant, de la plus grande finesse d'exécution; un A. Cuyp, Fraîche matinée, provenant du cabinet de Josué Reynolds. Le peintre anglais et Descamp désignent ce tableau comme un des plus soignés dans son exécution qu'ait faits son auteur. Ce tableau peut faire pendant au Berghem cité ci-dessus, étant de la même grandeur. Pour terminer nos observations nous fixerons l'attention des connaisseurs sur un magnifique paysage historique de Nicolas Poussin, représentant les Pélerins d'Emmaüs, ainsi que sur un tableau de Metzu très capital, clair et argentin comme un beau D. Téniers fils, ce qui n'est pas commun à ce grand coloriste; et un tableau esquisse de Rembrandt, qui doit piquer vivement la curiosité du public connaisseur.

Disons un mot sur les dessins de cette collection, que nous offrons aux amateurs de goût et de ce genre de curiosité. Les principaux de ces dessins ont été apportés à Paris il y a plus de trente ans, par un artiste peintre nommé Lonsing, élève de Raphael Mengs, qui a résidé long-temps en Italie, homme d'un mérite réel et grand connaisseur; d'autres sortent de la collection de MM. Goethales, de Malines, qui les tenaient des héritiers de Van Orley. Quelques uns ont été achetés aux ventes Sallé, Roland et Le Brun, etc. Nous laissons aux amateurs le soin d'apprécier le mérite particulier de chacun d'eux, et nous espérons que cette exposition aura un succès mérité.

Ces dessins fixés depuis fort long-temps dans un vieux registre sont en général d'une belle conservation.

ORDRE DE LA VENTE.

On commencera par les DESSINS et l'on terminera par les TABLEAUX.

DÉSIGNATION
DES TABLEAUX

BERGHEM (Nicolas).

1 — Paysage : effet de soleil couchant. Tableau très capital de la dimension du Cuyp, n° 4 du catalogue.

J. BOTH d'Italie.

2 — Etude d'après nature de l'ancienne porte de Modène.

BOURDON (Sébastien).

3 — Nature morte : anguille de mer, moules, etc.

A. CUYP.

4 — Paysage : Fraîche matinée. Tableau très capital.

DUJARDIN (Karel.)

5 — Etude d'après nature.

GELÉE (Claude) dit Lorrain.

6 — Fuite en Egypte : figures de Courtois. Ce tableau est de la dimension du Herman, n° 10 du catalogue.

7 — Fuite en Egypte : figures de Jacques Stella.

8 — L'ange et Tobie : figures retouchées par Philippe Lauri.

9 — Jolie esquisse. Première pensée du tableau qui était chez M. Coswel, à Londres.

HERMAN d'Italie.

10 — Cascade avec pêcheurs.

MURILLO.

11 — Scène d'intérieur de famille espagnole.

POTTER (Paul).

12 — Des porcs devant leur cabane.

13 — Une vache et un bœuf dans une prairie par un temps d'orage.

MAZACCIO.

14 — Saint Sébastien, peint à la colle sur bois. Cette tête est digne de Raphael pour l'expression. Très rare.

METZU.

15 — Le coup de l'étrier. Tableau très capital.

OSTADE (Attribué à).

16 — Le peintre dans son atelier.

POUSSIN (Nicolas).

17 — Les pélerins d'Emaüs. Tableau de paysage et figures très capital et d'une conservation parfaite.

18 — Philosophe en méditation.

GUASPRE POUSSIN.

19 — Vue du mont Mars, près de Tivoli.

ROBERT.

20 — Vue de la villa Aldobrandini, à Rome.

REMBRANDT.

21 — Scène d'intérieur éclairée par une lampe.

REMBRANDT (Attribué à).

22 — Etude de lion.

RUBENS (Pierre-Paul).

23 — La Vierge, l'enfant Jésus et sainte Anne. Ce tableau, peint sur bois, est très capital et d'une belle conservation.

24 — L'Adoration des bergers. Belle esquisse faite en Italie.

25 — Tombeau du comte de Horn.

26 — Belle copie de sainte Famille d'après ce célèbre
artiste, attribuée à Diepenbeck son élève.

27 — Sainte Cécile. Tableau signé et attribué à Rubens.

RUYSDAEL (JACQUES).

28 — Vue du village de Boorth en Hollande ; figures
de Weenix.

SALVATOR ROSA.

20 — Une cascade. Joli échantillon de ce grand maître.

SENAVE (Attribué à).

30 — Pastiche dans le goût de Téniers.

STOLZ.

31 — Chasse aux cerfs.

SWEBACH (d'après Karel Dujardin).

32 — Très jolie copie d'après ce maître, dont l'original est au Musée.

TÉNIERS le fils (David).

33 — Le gourmet. Ce tableau, extrêmement fin, est gravé dans le recueil du cabinet de Choiseul, dont il porte le cachet.

WATTEAU.

34 — Scène d'intérieur de famille.

WELDE (Adrien van den).

35 — Vue de la place de l'Hôtel de Ville d'Amsterdam. Tableau entièrement de la main de ce maître.

VAN VITELLY.

36 — Une cascade, dans le fond le temple de la Sibylle.

WYCK (THOMAS).

37 — Vue de la douane de Livourne.

38 — Départ pour la chasse.

DESSINS.

BERGHEM (NICOLAS).

39 — Paysage avec figures et animaux. Beau dessin
lavé au bistre.

40 — Étude de chevaux, gravée par lui-même avec
des additions.

41 — Étude de chèvres et de moutons.

BONIFACIO.

42 — Fuite en Egypte. Dessin à la plume légèrement
lavé.

CUYP (ALBERT).

43 — Le pâturage. Très beau dessin au crayon noir,
lavé à l'encre de Chine et rehaussé de blanc.

DIETRICK.

44 — Les musiciens ambulants. Dessin dans le goût de Rembrandt.

DOMINIQUIN.

45 — Paysage à la plume d'une bonne conservation.

DUJARDIN (KAREL).

46 — Un très beau dessin à l'aquarelle de ce maître; la figure qui se trouve dans ce dessin a été par lui placée dans la pièce gravée à l'eau forte, nº 31 de son œuvre.

47 — Vue des ruines du temple de la Fortune virile. Ce précieux dessin a été gravé par lui-même avec quelques changements, nº 12 de son œuvre.

48 — Etude de deux chevaux également gravés dans son œuvre avec quelques changements.

49 — Première pensée du tableau qui était chez M. Thouard, intendant des bâtiments du roi. Très beau dessin à la mine de plomb lavé à l'encre de Chine.

GELÉE (CLAUDE) DIT LE LORRAIN.

50 — Deux dessins à la plume lavés au bistre ; ils viennent de la bibliothèque Corsini, à Rome.

51 — Vue du port du Pechia. Etude à la plume.

GUASPRE POUSSIN.

52 — Étude de paysage lavée au bistre.

MIEL (JEAN).

54 — Un cavalier qui boit. Étude au crayon lavé.

POTTER (PAUL).

54 — La vache qui pisse. Étude d'après nature. Précieux dessin d'une précision extraordinaire.

REMBRANDT ET DE SON ÉCOLE.

55 — Divers études et croquis ; huit pièces. Cet article sera divisé.

RUBENS (PIERRE-PAUL).

56 — Études pour l'Adoration des rois et pour la Chasse à l'hipopotame, au crayon noir, lavés et rehaussés de blanc. Cet article sera divisé.

SASSO FERRATO.

57 — Tête de Vierge à la sanguine. Les dessins de ce maître sont extrêmement rares.

STOBS.

58 — Etude de cheval, au crayon noir, lavée à l'encre de Chine.

TÉNIERS (DAVID).

59 — Dés joueurs flamands.
60 — Etude pour la Tentation de saint Antoine. Mine de plomb.

TIMOTHÉE D'URBIN.

61 — Le sommeil de l'enfant Jésus. Dessin à la plume
légèrement lavé.

WATTEAU.

62 — Deux dessins, études au crayon rehaussés de
blanc ; ils proviennent du cabinet Sylvestre.
Cet article sera divisé.

VAN DYCK.

63 — Etude à la plume pour le portrait de Charles-
Quint, de la galerie de Florence.

64 — Etude de tête d'homme lavée au bistre.

WELDE (ADRIEN VAN DEN).

65 — Le départ pour la chasse. Dessin très beau et
très capital à la plume et lavé à l'encre de
Chine.

WEENIX.

66 — Intérieur de cabaret. Au recto deux dessins à
la plume.

IMPRIMERIE MAULDE ET RENOU, RUE BAILLEUL, 9-11. 2039

www.ingramcontent.com/pod-product-compliance
Lightning Source LLC
LaVergne TN
LVHW021455060726
842527LV00006B/2260